Ye

3914

PIECES DE POESIE

SUR LE SUJET

PROPOSE' PAR L'ACADEMIE FRANCOISE
pour le Prix de l'année 1706.

DEDIE'ES

A MONSEIGNEUR

LE DUC DE BOURGOGNE.

A PARIS,
De l'Imprimerie de FREDERIC LEONARD, seul Imprimeur
ordinaire du Roy pour la Guerre, les Finances & la Monoye,
& de la Ville.

M. DCCVII.

AVEC PERMISSION.

A MONSEIGNEUR
LE DUC DE BOURGOGNE.

HEROS, dont les premiers Exploits
Ont fait trembler la Germanie,
Toy, de qui la sagesse à la valeur unie
Des fieres passions qui nous donnent des Loix
    Brave déja la tyrannie,
    Petit-fils du plus grand des Rois,
    Regarde la nouvelle gloire
    Dont LOUIS se couvre aujourd'huy ;
    Il ne fut jamais de victoire
    Plus noble, plus digne de luy,
    Que son cœur exempt de foiblesse
Rend son nom memorable aux yeux de l'Univers.
Que j'aime à voir en luy cette mâle sagesse
    Qui lute contre les revers !
C'est par là qu'il s'éleve à la gloire suprême ;
Le Ciel, qui tant de fois rendit son bras vainqueur,
    Sembloit préparer son grand cœur
    A vaincre la Fortune même ;

A ij

C'eſt le plus beau de ſes lauriers,
Et ſa ſageſſe conſommée
A plus fait pour ſa renommée
Que n'ont fait ſes travaux guerriers.
Voilà, JEUNE HEROS, ſur quel nouveau modele
Tu dois attacher tes regards,
Nous t'avons déja vû foudroyer des Remparts;
A de plus nobles ſoins LOUIS enfin t'appelle,
Choiſis de la gloire immortelle
Des Salomons ou des Ceſars;
Détermine ton cœur.... Mais quoy ? déja j'oublie
Que chez toy la ſageſſe à la valeur s'allie.
D'un âge impetueux la bouillante chaleur
Cede à la raiſon qui t'éclaire,
Tu condamnas toûjours une ardeur temeraire,
Et parmy les vertus tu n'admets la valeur,
Qu'autant qu'il faut qu'elle puniſſe
L'ambition & l'injuſtice.
C'eſt ainſi que LOUIS a toûjours combattu,
Il ſçait que la valeur qu'un autre objet anime,
N'eſt ſouvent qu'un illuſtre crime
Orné des traits de la Vertu.
Tu le verras dans la peinture
Que j'oſe icy te preſenter;
Je ſçay qu'une vertu ſi parfaite & ſi pure
Demandoit une voix digne de la chanter.
Mais comme il s'agiſſoit de ſignaler mon zele,
A mes vœux empreſſez tout obſtacle eſtoit vain;
J'ay crû que dans un tel deſſein

La chûte même feroit belle,
Et que pour celebrer un fi fameux Vainqueur,
Un Sujet ne devoit confulter que fon cœur.
Qu'importe qu'à mes chants mes Juges foient contraires?
Les faits de LOUIS font fi beaux,
Que je fuis fûr que mes Rivaux
Sont, comme moy, des temeraires.
D'ailleurs le deftin de mes Vers
N'a rien pour moy que je regrette,
Le fujet même que je traitte
M'apprend à braver les Revers.

M✱✱✱✱

✱ A iij

EPITRE
AU ROY.

Que la Sageſſe du Roy le rend ſuperieur à
toute ſorte d'évenemens.

NON, GRAND ROY, ce n'eſt pas à tes Travaux
    guerriers
Que ton auguſte front doit ſes plus beaux Lauriers :
Quand j'ay vû ta valeur enchaînant la Fortune,
Etonner de ton Nom l'un & l'autre Neptune,
Et l'Univers entier vainement conjuré
Offrir à tes Exploits un Triomphe aſſuré ;
Le croirois-tu ? Ta gloire en tous lieux répanduë,
A laiſſé dans ma main ma plume ſuſpenduë :
Et plus qu'à la Victoire attentif au Vainqueur,
Quoique ſûr de ton bras, j'ay douté de ton cœur.
Pardonne-moy, LOUIS, ſi, ſagement timide,
Je me ſuis défié d'un bonheur trop rapide ;
Je l'ay fait, je l'ay dû : le caprice du Sort
Avec le vray merite eſt rarement d'accord,
Et quel que ſoit le rang où la Fortune éleve,
Ses faveurs n'ont rien fait ſi la Vertu n'acheve.
Ouy, la ſeule Vertu doit décider des rangs,

Les Rois les plus heureux ne font pas les plus grands;
Et pour donner le prix aux plus fermes courages,
Il faut les éprouver au milieu des orages.
Que je te trouve Grand dans ces nouveaux Combats
Où ta Vertu fait plus que n'avoit fait ton bras !
D'aujourd'huy feulement au comble de la gloire,
Ce dernier trait encor manquoit à ton Histoire,
Et par une Sageffe au deffus des revers,
Tu vas plus que jamais étonner l'Univers.
Mais non, ta fermeté ne fçauroit nous furprendre,
A de moindres efforts on n'a pas dû s'attendre,
De Triomphe en Triomphe & comme par degrez
A des faits inouïs tu nous a preparez.
Eh ! n'avons-nous pas vû cette même Sageffe
Qui te fait foutenir les revers fans foibleffe,
Te faire envifager les fuccès fans orgueil,
D'une vertu commune inévitable écueil ?
Rappelleray-je icy, R O Y toujours Invincible,
De tes nombreux Exploits le fouvenir terrible ?
Ces temps, non loin encor, où le Dieu des Combats
Faifoit marcher par tout l'effroy devant tes pas ?
Que ne peuvent des mains à vaincre accoutumées ?
Ta feule aproche alors diffipoit les Armées,
Tout trembloit, tout fuyoit, & les plus forts remparts
N'attendoient pour tomber qu'un feul de tes regards.
Un autre avec ardeur pourfuivant fa Carriere,
Euft voulu fous fes Loix ranger la Terre entiere,
Et marcher fur les pas de tant de Conquerans
Qui fous le nom de Rois n'étoient que des Tyrans :

Mais toy, qui dédaignant une route commune,
Du haut de ta Vertu regardois ta Fortune,
Dans d'injuftes projets bien loin de t'égarer,
Digne effort d'un grand cœur, Tu fçûs te moderer.
Que tes fiers Ennemis marchent mal fur tes traces !
Etonnez, éperdus, tremblans dans leurs difgraces,
A peine un feul moment le Sort rit à leurs yeux,
Qu'ils portent jufqu'au Ciel un front audacieux :
Déja du Monde entier ils fe difent Arbitres ;
Mais leurs vaftes projets, & leurs fuperbes titres,
Loin d'affûrer leur gloire à la Pofterité,
Ne font des monumens que de leur vanité.
Eh ! qui les autorife à cet orgueil étrange ?
Eft-ce un titre pour eux, fi la Fortune change ?
Que feroient-ils de plus, s'ils avoient, Sage ROY,
Si fouvent triomphé, fi juftement que Toy ?
Ah ! du moins, fi par tout ils veulent qu'on les craigne,
Qu'ils s'acquierent des droits que ta vertu dédaigne,
Pour fe les affûrer, qu'ils ofent fur tes pas,
Ou par terre ou par mer gagner trois cens Combats ;
Et bravant les rochers, les fleuves & les glaces,
Malgré leurs fiers remparts, forcer quatre cent Places ;
C'eft là ce qu'a fait voir ton bras victorieux :
Mais ce qui rend ton Nom cent fois plus glorieux,
Lorfqu'il t'étoit permis de tout reduire en poudre,
Pour calmer l'Univers tu dépofas ta foudre.
Tel fut, tel eft encor l'objet de tes exploits :
Et comme l'Eternel, fous qui tremblent les Rois,
Pour enrichir les champs fait gronder fon Tonnerre,

C'eft

C'eſt pour donner la Paix que L O U I S fait la Guerre.
Peut-on eſtre ſurpris qu'avec tant de Vertu
Tu braves les revers loin d'en eſtre abatu,
Toy, qui ſans démentir la Sageſſe profonde,
Vis pour Toy la Fortune en miracles feconde ?
L'Eclat de ſes preſens n'ayant pû t'éblouïr ,
Sans étonner ton cœur a pû s'évanouïr.
Ainſi de ſon deſtin ſeul arbitre ſuprême,
Le vray Sage toûjours eſt égal à ſoy-même ;
La Fortune ſur luy n'uſurpe aucun pouvoir,
Grandeurs, abaiſſemens, rien ne peut l'émouvoir ;
Et quelque vent qui gronde au deſſus de ſa teſte ,
Il garde un front ſerein au fort de la tempeſte.
C'eſt à ces traits, L O U I S, que nos derniers neveux
Vont diſtinguer ton Nom des noms les plus fameux,
Mais que vois-je ? l'orage eſt preſt à diſparoître,
J'entens des cris heureux qui me le font connoître ;
L'Ibere, dont ton bras eſt le plus ferme appuy,
Ne voit plus qu'Ennemis diſperſez devant luy.
Pourſuis, GRAND ROY, pourſuis, acheve ta victoire,
Confond ces vains Rivaux ſuſcitez par ta gloire,
Tel que l'Aſtre du jour par ſes traits enflâmez,
Diſſipe les brouillards que luy-même a formez.
Ne crois pas cependant que le ſort favorable
Rende à mes yeux ſurpris ton Nom plus memorable,
Qu'il range, s'il le faut, l'Univers ſous ta Loy,
Il ne ſçauroit m'offrir rien de ſi grand que toy.

✷ B

Sapientiam ejus enarrabunt gentes.
Eccl. 39.

PRIERE
POUR LE ROY.

SEIGNEUR, c'eſt en toy ſeul que notre eſpoir ſe
fonde,
Détruis de noirs projets qui troublent tout le monde;
Tonne, & nous les verrons ſoudain évanouis.
Maïs non, ſans lancer ton Tonnerre,
Donne la Victoire à LOUIS,
C'eſt donner la Paix à la Terre.

A MESSIEURS
DE
L'ACADEMIE FRANÇOISE.

MESSIEURS,

LE Sujet que vous avez donné au Public pour le Prix de la Poësie est, *Que la Sagesse du Roy le rend superieur à toute sorte d'évenemens.*

Il y a si peu de termes dans la Langue dont les significations soient simples, que celuy qui veut travailler sur un Sujet ainsi proposé, doit commencer par essayer d'entrer dans le sens de ceux qui le donnent, parce qu'il ne faut pas douter que selon qu'il aura bien ou mal penetré le sens du Sujet, non seulement ses pensées seront plus ou moins justes ; mais les phrases seront plus ou moins bien tournées, & les termes plus ou moins forts, & par consequent bien ou mal choisis par raport au sens.

Comme l'Auteur de l'Epître *Sapientiam ejus enarrabunt gentes*, sçavoit que son Ouvrage avoit pour Juge l'Academie, il n'a pas crû devoir diminuer la force de ses idées par le ménagement de termes, qui ne paroissent hazardez qu'à ceux qui ne comprennent pas toute l'étenduë du Su-

jet que l'on a donné à traiter, ou qui n'entrent pas parfaitement dans le sens qu'il renferme.

Ainsi il est juste que celuy qui a travaillé, rende compte
à ses Juges de la maniere dont il a conçû le Sujet, afin de
leur faire voir que dans les expressions, du nombre de
celles que l'on appelle hardies, les termes n'en ont pas esté
hazardez, au contraire qu'ils ont esté choisis avec cette
sage hardiesse, qui sçait proportionner les termes au sens
qu'il faut qu'ils expriment.

J'ay conçû qu'il faloit dans l'Ouvrage attribuer *la Superiorité du Roy à sa Sagesse ;* en cela j'ay admiré la délicatesse de
l'Academie dans la proposition du Sujet : Elle s'est servie
du terme de *Sagesse,* qui paroist simple, quoique generique, & qui cependant renferme des vertus singulieres égal-
lement convenables au Roy, mais dont les fonctions sont
assez differentes pour ne pouvoir indistinctement convenir
au terme de *Superiorité*, qui exprime l'avantage que le Roy
tire de la *Sagesse* qui est proposée pour objet.

J'ay donc examiné quelle est la Sagesse, ou pour mieux
dire quelles operations de celles que l'on attribuë à la
Sagesse prise en general, peuvent convenir à la vertu singuliere, à qui l'on doit attribuer la Superiorité ; & j'ay
regardé le cœur comme le siege des mouvemens interieurs, qui ont rendu, rendent & rendront toûjours le Roy
superieur à toutes sortes d'evenemens, à la difference des
autres operations que l'on attribuë à la Sagesse en general,
mais qui appartiennent à une autre vertu singuliere, dont
les mouvemens, quoy qu'interieurs, n'ont pourtant pour
leur détermination que des objets exterieurs.

Je n'ay donc point douté que l'objet que l'Academie a
donné à ceux qui voudroient travailler, ne fût d'attribuer
la *Superiorité* du Roy à une vertu qui fût absolument dé-
pendante de luy-même ; & je n'ay pû par consequent me

dispenser de la chercher dans celles dont les mouvemens font interieurs, & n'ont, pour ainsi dire, d'operation que sur nous-mêmes.

J'ay consideré deux sortes de Sagesse ; l'une est la Prudence, dont les fonctions se passent au dehors de l'homme ; l'autre la Fermeté, qui ne s'étend pas au-delà de l'interieur : quoique l'une & l'autre puissent estre exprimées par le même terme de *Sagesse*, rien n'est pourtant si different.

A proprement parler, la Prudence agit toûjours sur les objets exterieurs, de façon neanmoins que cette action dont le succés peut estre heureux ou malheureux, ne donne ni n'oste dans aucun cas la *Superiorité* dont parle le texte du Sujet, parce qu'un homme peut avoir bien prévû & être prudent sans estre superieur à l'évenement : Comme par exemple, quand il s'abandonne à une joye déreglée dans le premier cas, ou à une affliction immoderée dans le second, il ne sera superieur que quand il se contiendra, & en ce cas l'on ne peut attribuer à l'operation qui a fait prévoir celle qui fait contenir.

La Fermeté n'agit qu'au dedans de l'homme, & ne se propose que ses passions à surmonter : Le cœur de l'homme n'est pas soumis aux differentes operations de ces deux vertus, parce qu'il n'est pas le siege des differens mouvemens que ces vertus produisent. Un homme prudent ne sent aucun mouvement agissant sur son cœur ; au contraire un homme ferme soit dans la joye, soit dans la peine, oublie pour ainsi dire, qu'il ait un entendement ou une ame, & ne se trouve sensible qu'aux impressions qui se font sur son cœur ; ainsi si l'on peut dire que la Prudence agit sur les objets exterieurs, l'on doit dire que la Fermeté resiste aux mouvemens qui naissent dans le cœur, pour le maintenir dans une égalité que rien ne peut troubler, & qu'aucun desir ne peut enflâmer.

J'ay crû que l'Academie avoit voulu que l'on attribuaſt à la Fermeté du Roy plutoſt qu'à la Prudence ni à aucune de toutes les autres vertus ſingulieres qui pourroient eſtre entenduës ou compriſes dans la ſignification du terme generique *Sageſſe*, ce qui le rend ſuperieur à toute ſorte d'évenemens, & en ce cas qu'elle vouloit que l'on examinaſt dans la Perſonne du Roy, ce que l'on appelle le Cœur de l'homme.

L'Academie en propoſant ce Sujet au Public, a porté elle-même ſon Jugement ſur le cœur du Roy : Elle l'a jugé tel qu'il meritoit d'eſtre propoſé pour modele à la poſterité ; & ainſi ceux qui ont travaillé ont dû y porter toutes leurs idées, toutes leurs expreſſions ont dû convenir aux mouvemens du cœur, & par conſequent leurs termes ont dû ſingulierement les exprimer.

J'ay donc abandonné cette partie de la Sageſſe, que l'on appelle *Prudence*, dont les ſpeculations portent les operations au dehors, comme n'eſtant pas du Sujet propoſé, pour m'attacher à cette autre partie de la Sageſſe, qui rend l'homme ſtable & inébranlable au milieu des mouvemens de crainte, d'eſperance, de vengeance, d'amour propre, & de toutes les paſſions qui agitent & déreglent le cœur, comme le ſeul objet que j'ay crû que l'Academie pouvoit avoir eu.

Dans cette idée, pour bien remplir le ſens de mon Sujet, j'ay voulu peindre les mouvemens du cœur, par des expreſſions qui ne convinſſent qu'à luy, & par des termes qui le deſignaſſent le plus ſingulierement.

Pour cela je me ſuis preſſé de donner dans ſix Vers au Heros, dont je voulois peindre les mouvemens du cœur, les traits les plus vifs qui font reconnoître un grand courage, pour ramener promptement mon Lecteur à cette Superiorité qui doit faire le ſujet de mon diſcours.

Pour l'arrefter plus vivement dans la contemplation du cœur de mon Heros, j'ay voulu le furprendre, en doutant le premier de ce que j'avois à prouver.

Et plus qu'à la Victoire attentif au Vainqueur,
Quoique fûr de ton bras, j'ay douté de ton Cœur.

Je n'ay pas regardé cette expreffion comme hazardée, ni même comme équivoque, qui pût s'entendre comme un doute qui tombât fur le courage, on ne fe contrarie pas foy-même fi promptement.

J'ay trop bien établi la Valeur du Prince, dont je veux peindre le Cœur, & je fuis trop affuré du bras de mon Heros dans l'hemiftiche, pour douter de fon courage dans la fin du même Vers.

Je fuis perfuadé que cette Idée ne viendra qu'à ceux dont la vivacité peu reflechie forme des préventions trop promptes fur des expreffions ordinaires, ou à ceux qui n'entrant pas dans le fens du Sujet propofé, ne fe donneront pas le loifir de voir quel ufage je feray du doute que je forme du Cœur de mon Heros.

Quand un terme a des fignifications differentes, c'eft du Sujet même qui fe traite, que l'on doit prendre l'interpretation du terme, dont l'Auteur s'eft fervi : Par exemple, fi traitant de la Fidelité que les hommes fe doivent reciproquement dans la Société, l'on difoit que l'on doute du Cœur, ne feroit-il pas abfurde de craindre que cette expreffion ne s'entendît du manque de courage.

De même dans le Sujet de l'Academie, ayant à traiter, non pas de la Sageffe en general, mais de cette partie dont tous les mouvemens font interieurs, refiftans plutôt qu'agiffans, & dont la refiftance établit le calme du Cœur, qui le rend inalterable, & qui produit la Superiorité, qu'il eft en queftion de prouver, ne feroit-ce pas une foibleffe dans l'Auteur de craindre de se servir d'un terme qui rend avec force sa pensée, parce qu'il renferme plus d'une signification, dont l'une est convenable au Sujet, & les autres en seroient tout-à-fait éloignées ?

Quand Monsieur de la Fontaine a dit,

C'est le Cœur seul qui peut rendre tranquile,
Le Cœur fait tout, le reste est inutile :

Il n'a pas craint qu'on prît le Cœur pour le Siege des passions, il a sçû que cet endroit devoit estre entendu de la Sagesse, qui les calme, & les soumet à l'Empire de la Raison. Cet illustre Academicien n'a pas peu contribué au choix du terme dont je me suis servi, parce qu'il m'a semblé que, selon luy, il exprimoit parfaitement la Sagesse, dans la partie à laquelle l'Academie attribuë la *Superiorité* qu'Elle donne au Roy comme au fruit de sa *Sagesse*.

Il n'est plus question que de sçavoir si j'ay eu raison de douter. M. Dacier dit comme par conseil à ceux qui travaillent à connoître l'homme : *Que pour bien peindre les mœurs, il faut avoir bien étudié le cœur humain, & les divers mouvemens dont il est capable.*

Rien ne peut mieux persuader que j'ay bien étudié le cœur du Prince dont je veux parler, que de dire hardiment que j'ay douté, puisque je n'ay pû me relever de mon doute, qu'en étudiant avec attention tous ses mouvemens.

C'est donc en cela que j'ay mis l'Art de ma Piece : ses Travaux guerriers, ses Victoires, ni sa Valeur, qui étonnoient l'Univers, ne m'avoient montré que des mouvemens impetueux, qui ne me répondoient pas, dans tous les cas, de la fermeté de son Cœur. Il a fallu pour me convaincre, que j'aye vû LOUIS soûtenir les Revers sans foiblesse, comme je l'avois vû envisager les heureux

succés

ſuccés ſans orgueil : Alors j'avoüe que la plus grande Victoire de mon Heros eſt celle qu'il a remportée ſur la
Fortune , & je croy ne pas mal convaincre ceux qui ſe
donneront la peine de lire mon Ouvrage, que ma louange
n'eſt pas une flaterie, puiſque je ne la donne qu'après avoir
bien étudié le cœur du Roy dans tous les differens mouvemens dont il a pû eſtre agité, & qu'après l'avoir trouvé *Superieur à tous les évenemens heureux ou malheureux.*

Si je n'avois pas trouvé de l'art dans ce doute & de la
force dans le terme, j'aurois aiſément ſubſtitué un autre
Vers,

J'ay voulu des Deſtins voir triompher ton cœur.

La repetition du terme de Triomphe, ~~qui~~ ſe lit un peu
plus haut, me paroiſt une élegance, plutôt qu'une faute;
mais je n'ay pas trouvé dans ce Vers le même art pour le
tour de la Piece, ni la même force pour les expreſſions du
Sujet que vous avez donné à traiter.

C

ODE

SUR LE MESME SUJET.

QUEL nouveau genre de Victoire
Me fait prendre ma Lyre en main ?
Jusqu'icy pour chercher la gloire,
Les Heros n'ont sçû qu'un chemin :
Pour guide ils ont pris la Fortune,
Mais d'une route si commune
LOUIS se dispense aujourd'huy ;
Vainqueur de la Fortune même,
Sa vertu fait son Diadême,
Il n'a rien qui ne soit à luy.

On l'a vû, ce Heros terrible,
Gagner mille & mille combats ;
La France, pour estre invincible,
N'avoit besoin que de son bras :
Mais pour ses jours pleine d'allarmes,
Ses pleurs arracherent les armes
A ce rapide Conquerant :
LOUIS vaincu par sa tendresse,
Se reposa sur la Sagesse
Du soin de le rendre plus Grand.

La Fortune en fut irritée,

Fiere, jalouse de ses droits,
Quoy ? dit-elle, il m'a donc quittée,
Moy qui suivis toûjours ses Loix !
Pour luy seul constante & fidelle,
Je reçois ce prix de mon zele !
Ah ! desormais tout m'est permis,
Ce n'est qu'aprés luy que je change,
Il faut enfin que je me range
Du côté de ses Ennemis.

Contre un tel Roy, foible vengeance :
En est-il moins grand à nos yeux ?
Elle-même est d'intelligence
A le rendre plus glorieux.
FRANCE, ne sois point allarmée ;
Plus que jamais sa Renommée
Va remplir le vaste Univers :
En vain la Fortune est perfide,
Le courage de ton Alcide
Est au dessus de ses Revers.

De ses Vertus toûjours durables,
Vous qui parlerez après nous,
Entre tant de faits memorables,
Siecles, quel party prendrez-vous ?
Jugerez-vous dans son Histoire,
Lequel l'a plus comblé de gloire
Ou de son bras, ou de son cœur ?
A qui donner la preference,

Quand vous verrez en concurrence
Sa Sageſſe avec ſa Valeur?

Poſterité, ſois attentive,
La Sageſſe de mon Heros
N'eſt pas une Sageſſe oiſive;
LOUIS n'eſt jamais en repos.
Sa Vertu toûjours agiſſante
Diſſipe la nuë impuiſſante
Qui ſur nous voudroit éclater.
Parfait modele du vray Sage,
C'eſt peu que de braver l'orage,
Il veut encor le ſurmonter.

Pour nous eſt-il rien qu'il oublie?
Où ne s'étendent pas ſes ſoins?
On diroit qu'il ſe multiplie
Pour ſuffire à tous nos beſoins:
L'Eſpagne auſſi-bien que la France,
Met en luy ſa ſeule eſperance,
Il anime ces deux grands corps:
Ils ſuivent ce qu'il leur inſpire,
Et de l'un & de l'autre Empire
Il entretient les doux accords.

Qu'entens-je? de quels bruits propices
Les airs viennent de retentir!
La Fortune de ſes caprices
Voudroit-elle ſe repentir?

N'en doutons point, déja l'Ibere
Immole à sa juste colere
De formidables Bataillons,
Et d'Almanza la vaste plaine
D'un sang que demandoit sa haine
Voit rougir ses larges sillons.

Germain, Anglois, Belge, Batave,
Craignez l'orage à votre tour,
D'un Roy que votre audace brave,
Votre sort peut dépendre un jour.
Il en fut l'Arbitre suprême
Tant qu'il combattit par luy-même,
Il est le plus grand des humains;
Tremblez : pour vous reduire en poudre,
Il n'a qu'à reprendre sa foudre
Qu'il a remise en d'autres mains.

PRIERE
POUR LE ROY.

DIEU puiſſant, protege toujours
Un ROY que ta Sageſſe éclaire;
Il eſt digne de ton ſecours,
Et ſes Rivaux de ta colere.

Arma virumque cano. Æn.

Permis d'imprimer, ce dix-ſeptiéme jour d'Aouſt 1707.
M. R. DE VOYER D'ARGENSON.